Soñador

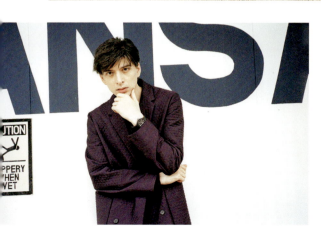

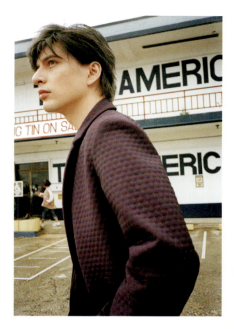

Soñador | Yu Shirota 20th Anniversary Book

Interview with Friends and Family

CONTENTS

Takayuki Yamada   116

Takeru Satoh   118

Shohei Miura   120

Haruma Miura   122

Mentalist_daigo   124

From Yu's Family   126

Interview with
Takayuki Yamada

Takayuki's Favorite：

（1）

（2）

山田孝之（以下、孝之）20周年おめでとうございます。まず言おうと思ったんだけど、俺も20周年なんだ（笑）。

城田優（以下、優）そうだった（笑）。出会ったのは俺が15歳の時だから、孝之とはかなり長い付き合い。

孝之 当時共演してた山下智久が優と同級生だったんだよね。それで知り合ったんだけど、俺も堀越高生だと思うくらい、その世代の仲間たちとずっと遊んでた。

優 そうそう。放課後になると渋谷に行ってカラオケとかして、そこに孝之も一緒に遊んでた。

孝之 若い頃の優は、ひたすら騒いでるやつだったね（笑）。でもあの時からすごく歌が上手くて、その才能でもっと多くの人を感動させた方がいいって思ってたから、ミュージカルに出始めた時は本当に嬉しかった。今では演出までしてすごいな。

優 孝之もすごいんだよ。今度はこんな面白いことをしたか！っていつも驚かされる。俺たちなんだかんだ共演する機会がなくて、出会って14年経ってできたのが、『荒川アンダー ザ ブリッジ』の実写版。

孝之 やっと共演したねって話したよね。

優 まだ20歳くらいの時かな。「俺はダークな作品で、優は明るい作品のオファーがくるから、交わることはないよね」って言われて納得してたけど、その数年後にちゃんと交わりました（笑）。

孝之 そういうのはあるよ。だって俺と新垣結衣なんてたぶん一生共演しないと思うじゃん。作品の内容が想像できない（笑）。

優 あはは！確かに、キャラのバランスみたいなものはあるよね。

孝之 そうだ、最近だと『勇者ヨシヒコと導かれし七人』に出た！

優 そうだ！孝之の主演ドラマに出させてもらった。

孝之 優のヴァリー役はゲストの中でも出演時間が長くて、ずっと一緒に冒険してた。

優 めっちゃ楽しかった。アドリブも入れて、昔から培ってきた関係をフルに活用できた。

孝之 そうやって普通に共演するのもいいけど、優とミュージカル映画を作るのも楽しそう。

優 それは今一番やりたいこと。ミュージカルだと観客数が限られてしまうけど、映像で何十万人、何百万人に観てもらえるようになれば可能性が広がるから。日本人も海外のミュージカル映画は観るんだけど…。

孝之 そうだね。『グレイテスト・ショーマン』とか。

優 『ラ・ラ・ランド』、『レ・ミゼラブル』、『シカゴ』…。全部大ヒットしているのに、日本のミュージカル映画はジャンルとしてまだまだ確立されてない。そこを頑張って変えていきたいなって思ってる。

孝之 そもそも、俺がミュージカルに興味を持ち始めたのもミュージカル映画を観たから。

優 なに観たの？

孝之 『アクロス・ザ・ユニバース』。ビートルズの曲で構成されていて、友達に勧められて観たら、超感動。ミュージカルはあんまり好きじゃないって言ってた自分が恥ずかしいと思ったの。

優 そうやって概念が一個でも変わると興味がどんどん広がる。孝之はミュージカルで3作品やったよね？

孝之 どの作品も福田（雄一）さんらしい演出でコメディ要素が加わってるから、観やすいと思ってくれた人もいるし、もしかしたら一生ミュージカルを観なかったであろう俺のファンも観に行くきっかけになったと思う。

優 普段、映像が主流の俳優さんたちがやることで、たくさんの人たちに身近に感じてもらえる。孝之も10代の頃から歌が上手いのは知っていたから、ミュージカルを始めた時は嬉しかった。そういえば、出会ってすぐCDデビューしてたよね？

孝之 あれは大人に騙されたんだよ（笑）。どんな曲を作りたい？って聞かれたから、Coccoさんみたいなムードのある感じでお願いしますって言って、出来上がったのは爽やかなポップス。タイトル『真夏の天使』ですよ！

優 今となってはネタだね（笑）。でも本当に、あの夏の明るいナンバーで歌唱力が高いのは際立ったのに、今でも観に行くたびに成長してるからすごい。

孝之 成長はね、ちょっとずつでもしなきゃだめだから。3作目の『ペテン師と詐欺師』ではもっと上手くなりたくて、厳しく歌稽古してもらったの。もうバッシバシ指導されまくって軽くパニック状態になったけど、本番までの過程ですでに上達を実感できた。

優 それは素晴らしいこと。俺も常に成長したいし、その気持ちが止まったらおしまいだと思ってる。ミュージカルで孝之と共演したい！

孝之 やだぁ、こんなに上手い人と〜！でも、相手役は圧倒的に上手い人にしてくれって福田さんにずっとお願いしてるの。福田さんも「城田君はたぶんミュージカル界でトップだと思う」って言ってたもん。

優 じゃあいいじゃん！俺が孝之の力を伸ばす自信がある！

孝之 そうだね。高校の時から優の歌唱力は次元が違うから。共演したら俺、またちょっと成長できるわ。

Interview with
Takeru Satoh

城田優（以下、優）健とはドラマ『ROOKIES』が初対面。
佐藤健（以下、健）初めて会ったのは野球の練習？ 俺はドラマの経験がなかったから、すべてにおいて緊張してた。
優 初連ドラだったもんね。健が18歳、俺が21歳で、お互いきゃっきゃしてた感じ。
健 五歳児や犬と同じテンションで遊べる人間はたぶん優だけだと思う。
優 健もそのテンションでいると信じてたけど、実は俺に合わせてたって言い張るよね。
健 さすがにさ、同じテンションは無理よ、優と。でもこんなに気の合う人間がいるんだって衝撃を受けた。俺は普通の県立高校に通っていて、そこで仲いい友達はいたけど、ずっとズレを感じていたんだよね。思春期だからか、卒業式でみんな歌を歌わない。なんでこんな素晴らしい日にあんないい歌を歌わないんだろうって。そういう細かいところから、感覚が合う優に出会えたのはすごく嬉しくて、俺にとってありがたい出会いだった。
優 そうだったんだ。大切なことを大切にできるマインドは近いと思う。方向性や好きなことが似ていて、すぐに打ち解けられたよね。
健 俺たちの距離が縮まったのは同じマンションに住んだのも大きいと思うよ。
優 ルーキーズの時にうちのマンションに引っ越してきて。
健 ちょうど物件探していて、遊びに行ったらいい物件だった。
優 で、俺の車で家具屋に行って。最初ぜんっぜん部屋に入れてくれなくて、家具を搬入させてくれない！ 俺、ただの運転手（笑）。

健 確かになんで入れなかったんだろう（笑）。
優 昔は毎日のように遊んでた。今でも10日会わないだけで久しぶりな感じがするけど。二人で映画を観に行って、食事して、その後ゲームして。ゲームは健に勝てることが少ないけど、負けず嫌いだからずっとやり続けて。
健 お互いこれが最後ねって言って、最後になることはない。
優 それで朝までやって、一日中二人きりでいてもまったく気を遣わないし、健の考え方で理解できないところもないから、一緒にいて何にも心配になることがないんだよね。

健 実は逆に優には心配だなって思うことは多々ある。人が良すぎるがゆえに、人を信じやすかったりするところとか。それと普段はしゃぎすぎてるから、落ち込んだ時は1秒でわかる！
優 あはは！ 落ち込んだのバレてすぐ相談する。健は今までで一番相談にのってくれた人で、それは出会った頃から変わらない。
健 俺も相談します。
優 するか？
健 そんなに悩むことがないからね。もしあったら相談します。

Soñador | Yu Shirota 20th Anniversary Book

Takeru's Favorite :

(1)

優 俺にとって、健はなんでも話せる貴重な存在で、この出会いは本当に財産。10年前から変わったのは、未来のこととか、芸能界での人生とか、二人で深い話をするようになったこと。我々も30代なのでね。
健 今年30ですね。
優 最近、年取ったねって何回言ってるだろうね。
健 あんまり言いすぎちゃだめなんだよ。
優 わかる。でも、あきらかにルーキーズの頃から二人とも体力が落ちてる。
健 そうね。
優 あんな楽しかった現場はほかにないよ。めちゃくちゃ楽しかった。
健 20代前半によく行ってたカラオケで、必ずnavy＆ivoryさんの『指輪』を一緒に歌おうって言ってきたの覚えてる?
優 あはは！ 結婚の歌（笑）。
健 歌詞もメロディーも素晴らしくて大好きな曲だけど、毎回二人で歌わないと帰れないのかなぁ…と不安になるくらい。
優 勝手に気に入ってくれてると思ってた！
健 信じられないくらいラブソングだけどね（笑）。でも思うのが、もし優が死んだとしたらもう1人では『指輪』を聴けないと思う。
優 ほんと!?
健 それくらい思い出の曲になってるよ。

優 健はいつも明確で、自分だけで動けちゃうんだよ。そこが羨ましいところでもあり、頭がよすぎて、ちょっと大変だろうなって思う時もある。でもそういう時に、俺みたいなバカなやつが近くにいたら楽しいかなーと、たまに思ったりするんだよね。
健 ふざけている時は好きだよ。俺の周りに、このセンスで面白いことを言い続けられる人はいないから（笑）。
優 面白いと思ってくれてるの!?
健 そりゃ、すべってる時だってあるけど。たまーにすさまじく面白い時がある（笑）。

優 あはは！ うける！
健 優はみんなが思っている以上に繊細だし、簡単にやってるように見えることも、自分の中ではすごく努力してる。才能に1ミリも甘んじないで、本来は余裕なところも120％の力で立ち向かって、いつも戦ってると思う。だから素敵だし、ほっとけないし、非常に愛おしいです。
優 …。
健 だから応援はもちろんするし、優がやりたいことができる世の中であって欲しいし、そういう環境を作っていけたらいいと思う。

Interview with
Shohei Miura

Shohei's Favorite :

（1）

（2）

城田優（以下、優）仕事ではなくプライベートで知り合って、昔は飲んだ後に2人で帰ったりもしたけど、今では翔平は家庭を持っているわけで、そこはひとつ大きな変化。

三浦翔平（以下、翔平）最近はみんな忙しくてなかなか集まれないけど、数年前はよく遊んだね。そういえば、旅行の道中で合流したよね。

優 そうそう、俺はたまたま他の予定でシンガポールにいて。一緒に食事して遊んだ。

翔平 絶叫マシンがあって「俺は絶対に乗りたくない」って言ったのに、優君は好きだから「大丈夫、大丈夫」って言いくるめられて。

優 ずっと嫌がってたよね。結局乗せたら、「最悪…」って呟きながらふらふらしてた（笑）。

翔平 そう。二度と乗りません！でもね、優君がいると場が温かくなるよ。たぶん陽の空気をまとっていて周りも自然と笑顔が絶えない。男女問わず常にジェントルマンだし、タレントだけじゃなくて、技術さんとか、たぶん一般の方たちにもいろんな友達がいて、誰からも愛される人なんだなって思う。

優 そう言うけど、俺は翔平にいつも笑わせてもらってる。テレビでドラマ『ごくせん3』の高校生役を見ていて、最初はクールでかっこつけてるイメージが強かったけど、実際に会ってみたらすごくハッピーな人だった。一緒にいると楽しい仲間。

翔平 お互いふざけてるからね（笑）。ラジオ『三浦翔平 It's 翔 time』にゲストで来てくれた時、スタッフさんが「城田さんは本当にずっとしゃべっていますね」って言ってたよ。いつも陽気なスペイン人だから（笑）。

優 あはは！私生活もエンターテインメントにしようとするかも。ちょうど翔平、俺、（三浦）春馬の3人で並んでごはんを食べていた時は、「これ、三浦サンドイッチじゃん」って思いついて。

翔平 そしたら「三浦サンドイッチを撮ろう」となって。

優 その場にいた山田親太朗を亡霊役として配置を考えた。それぞれが意見を出し合ってひとつの写真にする。それをSNSにアップすると、自然と話題にしてもらえる。

翔平 我々、飲んでいる姿はオープンですから（笑）。

優 しかも、この仲間の界隈ではものまねツートップですよ。

翔平 犬の鳴きまねとかね。

優 翔平はノリがよくて、ものまねしながら会話もできる（笑）。でもなんだろ、ここ数年で話す内容が変わってきたよね。

翔平 うん。出会った頃はなんの内容もない、ピーマンみたいな話しかしてなかった。

優 そうそう、今はちゃんと中に肉が詰まってる。

翔平 ピーマンの肉詰め、美味しくなった（笑）。優君はしっかり話を聞いて、的確なアドバイスをくれる。納得できない部分があっても、今の時代だからできないこともあって。でも、なるべく波風を立てずに、固くなった観念を壊していこうという考えが出るようになった。

優 ちょうど変えていく世代だから。芸能界も日本も。

翔平 たぶん、同世代はみんな同じようなことを思ってるよね。まさしく今回のミュージカル『ファントム』では、自分で主演と演出を手がけて、新しいことに挑んでる。

優 翔平は毎回ちゃんとミュージカルを観に来てくれるよね。

翔平 もともと観劇が好きなんだよ。俺が気に入っているのは『ブロードウェイと銃弾』。でも衝撃を受けたのは『4Stars』。あれはミュージカルじゃないか？

優 ミュージカル・ショー。ブロードウェイの3人のスターと俺の4人で行なうコンサート。

翔平 優君を見て、「あ、外国人だ！」って改めて思った（笑）。楽屋でも英語が飛び交ってたし。

優 おい（笑）！半分外国人だよ！

翔平 あんな実力者たちの中にいてもまったく引けを取らないし、むしろ存在感があった。この写真集も20周年ってことで、本当にすごいと思うよ。まずは、おめでとうございます。そしてお互い30代でしっかり力をつけて、最終的に、同世代の人たちとエンターテインメントの世界に貢献できるように、やりたいことに邁進しましょう。

優 急にちゃんとしたコメント！

翔平 だって、ふざけすぎて今までの会話はほぼ使えないでしょ。

優 いや、しっかり使いますから。翔平とはあまり共演する機会がなかったけど、一緒に何かやったら絶対に楽しい現場になると思う。

翔平 共演したいね。俺は舞台もミュージカルもどんどん挑戦したいし。

優 この前（佐藤）健と、本気でくだらないことに挑む『ハングオーバー！』みたいな映画を作りたいねって話で盛り上がった。

翔平 それは面白い。俺たちがやったら、芝居なのかプライベートの延長なのかわからなくなりそう（笑）。

優 メインキャストは翔平、健、俺、（山田）孝之、（三浦）春馬…。

翔平 いいね。みんな出しちゃお！

優 それ、マジで面白い！

Soñador | Yu Shirota 20th Anniversary Book

Interview with
Haruma Miura

城田優（以下、優）最初に三浦春馬という人間を知ったのは、岸谷五朗さんと寺脇康文さんが主宰する地球ゴージャスという演劇ユニット。舞台を観て「新しいミュージカルスターが出てきた！」って大絶賛したのを覚えてる。

三浦春馬（以下、春馬）いえーい！

優 歌える、踊れる、芝居ができる、アクロバットや殺陣ができるって、もう非の打ち所がない。しかも19歳という若さで！俺は初舞台が『美少女戦士セーラームーン』で、それも殺陣やダンス、全部あったんだけど、最初はなんにもできなくて。だから、春馬の実力には驚いた。

春馬 地球ゴージャスでいい経験をさせてもらって、徐々にミュージカルに興味を持ち始めるんだけど、目指す先には必ず優君がいる。毎回、唸るような感動を生んで舞台に君臨する人で、そこからどんな景色が見えるんだろう、どんな重圧なんだろうと想像すると、城田優は追いかけるべき存在。

Haruma's Favorite :

歳を重ねるごとに、すごいことをやっているんだって理解できるようになった。
優 経験を積むほど難しくなるし、責任が伴ってくるから。最初の頃は若さゆえの無知が武器になって、そんなに苦しくなかったでしょ？
春馬 うん…。でもメンタルが弱かった。今では強くなったけど、当時は公演の途中から辛くなって、五郎さんと寺脇さんに「いってらっしゃい」って背中を叩いてもらって舞台に上がってたし。
優 それは子供だったからしょうがない。で、その舞台の後に面識ができたんだけど、なんのタイミングだったか覚えてないんだよね。
春馬 間違いなく言えるのはドラマ『サムライ・ハイスクール』。
優 その後すぐ共演したのか。春馬が主演の高校生役で、いじめられっ子役の俺を助けるところから撮影がほぼ一緒だった。その後にも『殺人偏差値70』と『オトナ高校』でがっつり絡みのある役だったから、友達の中では共演シーンが一番多い。
春馬 そうなの？ 光栄です。優君は頼りになるお兄さん。現場をカラッと明るくする才能を持ち合わせている人で、僕がいっぱいいっぱいの時に、そばで「大丈夫？」って声をかけてくれた印象がある。
優 いつもうるさかっただけ（笑）。
春馬 いやいや、面倒見いいよね。その人にとって生きやすい進み方を真剣に考えてくれたりする。それって大きな愛情がないとできない行動だろうし。優君のご家族の関係性を見るに、お互いを思い合う密度が高くて、だからこそ自分を変に隠したりしないんだと思う。あんまりいないんだよね、そういう人って。でもたまに「静かにして」と思う瞬間も…。注意すると「なんでなんで！」って余計元気になるから、静まるまで待つけど（笑）。
優 五歳児（笑）。気をつけないとな…。静かにするのは大変だ！
春馬 それと印象深いのは、『4Stars』の終演後にごはんに誘ってくれて、ラミン（カリムルー）さんとシエラ（ボーゲス）さんと同じ空間にいられたのがすっごく刺激的だった。
優 会いたいかなと思って。
春馬 そうだよ。ミュージカル界のトップスターを目の前にして、うわぁやばい…って感動した。その時、優君が通訳もしてくれたよね。
優 いやいや、春馬もめっちゃ英語でしゃべってたよ。
春馬 全然伝わってなかった（笑）。
優 春馬のパッションが大きすぎたのかな（笑）？ 二人で食事している時もミュージカルの話になって、ぼんやりだけど、未来の作品のビジョンを語ったりする。
春馬 もし優君の相手役に自分がなったらとか、興味のある作品についてとか、そういう話はやっぱり盛り上がる。『ピピン』を観に行けなかったのは悔やまれるけど…。
優 楽しみにしてくれてたからね。
春馬 一度ニューヨークで観ていたから、あんなにすごい役に挑戦するんだって気持ちもあったし。全部そうだけど、特に努力が伝わった作品は『ブロードウェイと銃弾』。インスタグラムにアップされてた練習姿で過酷なのがわかったし、その努力の先に生まれたパフォーマンスが本当に素晴らしくて、あれには舌を巻いた。純粋にストーリーも面白くてめっちゃ笑えたんだけど、それにプラスしてね。目標に向かってやるしかないんだっていう、その根気であそこまでのクオリティに仕上げたのが見て取れたから、すごく勇気づけられた。
優 春馬は舞台に立つ側の人間だから、そういうところで共感する部分があると思う。映像もそうだけど、ミュージカル界に三浦春馬という存在は欠かせなくて、いつかもっと衝撃を走らせることができるはず。
春馬 夢は言っていかなきゃ実現しないから。優君と興奮できる作品、近い未来で叶えられるのってやっぱり板の上だと思うので、ぜひなにかやりましょう！

（1）

（2）

（3）

（4）

Interview with
Mentalist DaiGo

Daigo's Favorite :

(1)

(1)

城田優（以下、優）DaiGoにはぜひ、メンタリストの観点から俺を見ていただきたい。
DaiGo（以下、D）純粋に寂しがりやです（笑）。
優 おっと！ 簡潔すぎる（笑）。
D 動物に例えると、中身が小型犬のゴールデンレトリバー。
優 犬は寂しがりやなの？
D 内面と外見の違いだよ。みんなが思っているより繊細ってこと。
優 中身は子犬なんだ…（笑）。
D 人間は愛着スタイルという3つのタイプに分けることができて、まず【安定型】は、他人と良い距離感を保つ能力が高い。相手と仲良くしながら依存することがないタイプ。次は【不安型】。依存的になりやすく、嫌われるのを怖がる傾向がある。周囲に対していろいろ頑張りすぎちゃうんだけど、それに相手が応えてくれないと傷つく。
優 ああー！
D 最後は【回避型】。これは他人を信じられず自分の深い部分を明かさない。恋愛でも、相手が一定以上近づいてくると距離をとる。で、優君は僕が思うに安定型と不安型の間くらいで、昔はもっと不安型の人だったんだろうなと思うよ。
優 わぁーすごい、大正解。
D でもこれはある程度直すことができて、優君は不安型から安定型に寄っていった人。
優 そうさせてくれたのは、DaiGoだったり（佐藤）健だったりする。DaiGoはこのタイプでどれになるんだろう？
D 僕はね、もともと超回避型。いじめられっ子だったから。
優 でも今は安定型に寄った？
D そう。今は人を信じないというより、付き合う必要がない人とは付き合わないというだけ。ほとんど友達がいないし、優君は僕を誘ってくれる数少ない友人。
優 そもそも頭が良すぎるから、周りの力を借りなくても大丈夫なんだよ。俺は感情的だし…。
D いやいや、自分のアイディアをちゃんとチームで実現しようとするじゃない。優君の良いところはそこだね。情をめっちゃ大事にする。ファンレターを今でこそすごい量になったけど、出会った頃はずっと保管していて驚いた。
優 そう、段ボール10箱くらいはなんとかとっておいて。そしたら家がほぼファンレターで埋まった（笑）。今でも部屋の一角には何千通かわからないけど、まだ読みきれてない手紙が置いてある。
D 優君の場合、僕が知っている友達グループの中でもっとも情緒的なイメージがある。逆に健はクールに考えたいけど、ちょっと感情を捨てられないところもあって。僕はドライで、優君はウェットだとしたら、健はセミドライ（笑）。
優 まさにそれ！
D 全然違うキャラと付き合うと、自分の立ち位置がわかるようになる。僕には優君みたいなアート系の能力はないから分析を極めようと思ったわけで。中途半端が一番よくないからね。
優 DaiGoの分析力は天才だし、自分に必要なものだけをちゃんと選んでるイメージ。俺は無駄が多いし、アイディアが浮かんでもすぐに散漫して頭に残らないんだよね…。
D 無駄はアイディアの源泉。さらに言えば、注意散漫であっちこっちに意識が向いちゃう人は表現者に向いていて芸術家タイプ。無駄がないことは効率的だろうけど、正しいとは限らないよ。
優 無駄が生み出す技術もあるってことか。DaiGoに会うといろんなことに気づかされる。俺、読書が苦手なの。でもDaiGoに勧められた本は読んでる。
D 自分が普段読んでいる論文を要約して教えてもいいんだけど、優君はストーリーの感受性が高いから、本を読んでもらう方が得るものが大きい。友達としては、メリットのある選択をするのが合理的だと思うので、だから僕は本を勧める。逆に「サプリでおすすめない？」とか、そういう質問には論文の研究結果から導きます。
優 知識の引き出しが完璧。いつも答えを持ってきてくれる、教祖さまみたい（笑）。出会った頃は、DaiGoに心を読まれてるんじゃないかって思ったけど、仲良くなるうちに普通に会話しているんだってわかった。
D 分析はまぁまぁ体力使うからね（笑）。
優 でも正直、舞台をDaiGoに観てもらう時は緊張する（笑）。
D 来る日は連絡しないでって言ってたね（笑）。舞台じゃないけど、優君の出演作で好きなのが、ドラマ『SPEC〜警視庁公安部公安第五課 未詳事件特別対策係事件簿〜』。
優 懐かしい！
D 優君が演じた地居聖は、他人の記憶をいじる冷酷無比な男。職業的にも僕と似てるじゃん。
優 自分が求めたものだけを追求する役だった。
D そうそう。だから優君とは真逆だと思うけど。
優 ということは、俺はDaiGoを演じてたってことだね（笑）。
D そもそも心理学を勉強した理由は、人の心が知りたかったし、あわよくば自分のことを虐げた人の心をコントロールしたいって思ったからで、たぶん、当時の僕は共感したんだろうな。あの役は一番印象に残ってる。

Interview with
Family

Father:
Mitsuo 父：光男

　優が赤ちゃんの頃の8ミリビデオを見返していたら、明るい子だなと改めて気づいて。まだ言葉も話せないのに、頭にザルをいくつものっけてね、ヨタヨタと歩いているんですよ。家の中で黄色い長靴を履いて、それを脱がすと泣いたりして。今こうして30過ぎの息子にかける言葉ではないかもしれないですけど、本当に素直でいい子に育ったなと思います。優が芸能の世界で諦めずに何度も挑戦してきたことは知っていますから、彼に心配することはなにもない。本人の努力はもちろんですけど、自分のやりたいことを続けていられるのは幸せなことですので、周りの人に感謝してね。決しておごらず、しなやかに生きてほしいです。優の出演作は、映画『ヒートアイランド』が好きかな。原作者の作家・垣根涼介をもともと好きで、この作品が映画になると聞いて楽しみにしていたら、期待通り面白かった。どんどん引き込まれていく映画ですので、みなさんにも是非観てほしいです。

Second Son:
Jun 兄：純

　僕は歳が近いので、いつも喧嘩ばかりしていました。優は1人で黙々とおもちゃで遊んでいるタイプ。今みたいにうるさくなったのは、日本に来て小学校4年生くらいからかな。幼い頃は僕の方がうるさくて、優は静かな性格だったんです。今では逆になりましたね。僕はエンターテインメントにまったく興味がなかったけど、優が最初に入った事務所に「モデルにならないか」と誘われて、優を真似して追いかけた結果でもあるんです。オーディションに一緒に踊りに行ったりもしました。優は小さい時から自分のコンセプトを「ラブ＆ピース」と決めていて、33歳の男でそれを言うと世間に笑われてしまうかもしれないですけど、本当に貫いているところがあります。この世界は10年続けることさえ難しいのに、デビュー20周年。人生の半分以上じゃないですか。今後おじいちゃんになっても、元気なパワーと優しい気持ちを忘れずに、死ぬまでぜひ頑張っていただきたいです。

Eldest Daughter:
Maria 姉：マリア

　食事や着替えを用意したり、洋服をお腹に入れてマフラーを巻いてあげていたのに、いつのまにか大人になっていて不思議な気持ちです。優は1人遊びが得意で、ゴム人形を使って物語を自作していました。音楽をやりたいというポリシーを持って詩をいっぱい書いていたから、私が所属していたダンスグループに声をかけてくれた事務所に紹介したんです。本人は芸能界を始めたのは私がきっかけと言うけれど、ずっとやりたいと言っていたから機会が巡ってきたんだと思います。活動し始めたばかりの時は、現場で「見た目が外国人っぽい」とか、「主役より背が高くて目立っているからダメ」とか言われて。それがコンプレックスになっていつも猫背にしていました。でも、意思は曲げなかった。今までこの道でやってこられたのは幸せなことだし、なにより彼が夢をブレずに1本通してこれたことは、人としてとても尊敬しています。これからも自分を信じて前に進んでください！

Soñador | Yu Shirota 20th Anniversary Book

Interview with Family

Mother:
Peppy
母：ペピー

　性格は良いところも悪いところも私に似て、強そうに見えるけどすごく繊細。メダルゲームでちょっとメダルが出てきただけで嬉しそうに帰ってきたり。普通の人間より何万倍も喜びや悲しみを感じるの。音楽は非常に興味があったから、私は子供の人生を応援するだけ。優がオーディション受けると、この身長と顔じゃ…って言われるわけよ。それはすごく傷つけられたな。だから優に言ったのが、「自分の良さをわかってくれる人と出会ってステージに立てた時に、偉そうに鼻高くするんじゃないよ」って。人間はみんな一緒だよって教えたの。本人は言わないけど、この20年は間違いなく厳しかったと思う。家族思いだからいつもみんなの面倒をみて心配してくれて。だから今度は、自分のために時間を作ってください。もう、優しすぎて困ってるわ。結婚相手が早く見つからないかな。どこにいても変わらないハートを持っている人が一番いいね。

Second Daughter:
Rina
妹：リナ

　優が高校生の時、プーさんのぬいぐるみをたくさん持っていた印象が強いです。3歳くらいの私はこっそり部屋に入ってプーさんに会いに行っていました。優はいつもハイテンションで、しゃべっているか歌っているかどちらか。それと、すっごく純粋。小悪魔テクを操る女の子の話になった時に、「その人は純粋だよ」って言うから、姉に「世界一純粋なのはあなただよ」と言い返されていました(笑)。ドラマ『サムライ・ハイスクール』の役はまさに純粋な男の子で、中身は優のまんま！大好きな作品です。でも、信じたものを一途に守りきるのは、いい面もあるし心配な面でもあります。常にギブし続ける人で、本当に支えてもらってばかり。優がいなかったら今の自分はないと思います。家族で集まるのも先頭を切って企画して、マリアと一緒にセッティングしてくれます。私にとって家族は宝物だから恩返しをしていきたいし、優にはギブじゃなくてテイクしてほしいです。

Eldest Son:
Dai
兄：大

　優が連ドラをやり始める前かな、僕がいきなり優の家に住み始めて、毎晩のように部屋で映画鑑賞をしていました。その時に"チョコレートパーティ"と題して、お菓子の購入価格を1万円、5千円…と、あみだくじで決めるんですよ。それで甘いものを大量に買い込んで映画を観る。作品が終わる頃には食べ疲れして、殴られた牛みたいになって兄弟で寝ていました(笑)。本読みも手伝っていましたが、出演作はほとんど覚えていますよ。優が台詞を話している途中で僕が寝ちゃうと、「おいー！」って怒られたりして(笑)。当時から優は自立していて、20代前半で兄の僕を養っていたわけですから、いつでも結婚して大丈夫なはず。見た目で「遊んでそう」と言われることもありますが、実際は心温まる、朗らかな青年です。だからつまらないよね、暗黒史になるようなネタがないんだから(笑)。世間に貢献したい気持ちを昔から持って、それを実行している姿は素晴らしいと思います。

127

Soñador | Yu Shirota 20th Anniversary Book

Yu Shirota Long Interview

Interview with
Yu Shirota

一歩一歩前に進んできたから
その道を信じることができます

　この20年はあっという間でした。本当に
いろんなことがあったし、振り返ると、楽し
かったこと、悔しかったこと、悲しかったこ
と、、様々な場面が浮かぶけど、20年って考
えると恐ろしいですね（笑）。

　13歳で活動を始めた頃は、オーディショ
ンや顔見せに行っても、容姿について言わ
れることがほとんどでした。多感な時期に、
大人たちから変えられない"容姿"を否定さ
れたことはやはり辛かったし、遡ると、幼少
期にはスペインにいても日本にいても"自分
の居場所"がなかったような感覚でした。日
本に引っ越して間もない頃、小学校から帰
宅して母親に「みんなに外国人って言われ
る」と相談したことがあるのですが、その時
の母の返しは「みんな地球人よと言ってや
りなさい」でした。この言葉に凄く救われた
ことをよく覚えています。

　しかし、芸能のお仕事を始めた頃に、再
びそのクラッシュが僕の心を襲いました。

　成長期の頃は、伸び続ける身長に悩み、
ずっと猫背で過ごしていましたし、顔もどん
どん濃くなっていくばかり。「かっこいい」と
いう言葉が、全く褒め言葉に聞こえませんで
した。家でもよく嘆いていましたが、それで
も家族から芸能の道を反対されたことはあ
りません。むしろいつも、どんな時も応援し
てくれていました。

　毎日のように感じていた"コンプレックス"
を自分の強みに感じられるようになったの
は"ミュージカル"に出会ってから。『美少女
戦士セーラームーン』から始まり『テニスの
王子様』『スウィーニートッド』『テイクフライ
ト』と自分の容姿を最大限生かせるジャン
ルにたどり着いた感覚がありました。"舞台
映え"する俳優としては日本トップなんじゃ
ないかと（笑）。自分にとって短所だと思って
いた所が、全てと長所に変わった瞬間でした。

　でも、根本的な人間の部分は変わってい
ません。例えば、マイナス思考で緊張しいな

ところも、理不尽、不条理なことが嫌いな所
も、、ただ20年という経験値が足されたこ
とで、傷みに強くなったり、乗り越えられる
力がついたんだと思います。

　それは初めて主演と演出を務めた『ファン
トム』でも実感しました。演出家としてキャ
ストやスタッフに指示を出す立場であり、役
者として自分も芝居をするので、稽古中から
めちゃくちゃ緊張したし、家に帰ったら次の
日のプランを立てて、自分のディレクション
はあっているのだろうか、現場で閃いたこ
とをどう生かそうか、いろいろ考えるんです。
この作品は希望や絶望、怒りや悲しみ、どん
底の気持ちを表現するので、芝居のエネ
ルギーもすごく必要。2013年の『ロミオ＆
ジュリエット』で演じたロミオ役では、最愛
の人が死んだ、親友が死んだ、自分も人を
殺してしまったという感情の渦で、毎回その
絶望を感じながら舞台に立っていました。だ
からエネルギーをめちゃくちゃ使うのですが、
その次の年に出会った『ファントム』はまさか
のロミオ越えだったんです。今回はそこに演
出も加わり、初めての経験で本当に大変な
んですけど、ギリギリのところでパンクしな
いのは気力と経験値。今まで長台詞が覚え
られない、歌が難しいなど、いろんなピンチ
はあったけど、どんな時も休まずに舞台に立
ってきたからこそ、その経験が自分の糧とな
って背中を支えてくれました。

　今回、アンサンブルのオーディションから
選んだ人の中に、僕が『美少女戦士セーラ
ームーン』で共演してとてもお世話になった
幸村吉也さんという方がいるんです。殺陣
師も兼任されていて、16歳の少年に手取り
足取り教えてくれました。そんな人とまた仕
事をする機会に恵まれて、とても感慨深か
ったです。幸村さんは僕の成長を見ていてく
れて、その上で作品に携わってくれたようで。
塵も積もれば山となるじゃないですけど、失
敗した経験も糧となって次につながっていく。
一歩一歩前に進んで、振り返った時に自分
の足跡があるから、この道であっているんだ
と感じられるのかもしれません。

Interview with
Yu Shirota

今はちゃんとカメレオン俳優に
なっていたいと思います

　僕は作品に感情移入するタイプで熱量がすごく高いんです。だからこそ、もう一度挑戦したい役はそんなにないんですよ。2011年に『ロミオ&ジュリエット』をやって、2013年に再演が決まったのは、もっと上を目指せただろうとリベンジしたい気持ちがあったから。でも再演するなら、ロミオとティボルトをやらせてくださいとお願いして。一つの公演で二役を担うのは前代未聞だったけど、同じことをやっても成長しないじゃないですか。『ファントム』もそうですよね。2014年の公演で作品をもっとよくできたなと悔いが残ったから、2019年は主演と演出という新しい形でやらせていただきました。

　そういうチャレンジ精神はずっと持っていたいです。『ブロードウェイと銃弾』ではタップダンス、『ピピン』では様々なアクロバットも、細かいイリュージョンやポールを上ることもできないレベルから、稽古1カ月ですべて習得しなきゃいけない状況でした。絶対に本番に間に合わないという危機感もあったけど、人間やればできると思うパッションで奮い立たせて、結果としてやりきることができました。要は自分次第。もしタップをするシーンのあるお話が来て、タップダンスができないからってその役を断っていたら、そこで自分の可能性を狭めてしまう。できないと思った時こそやるべきなんですよね。

　ありがたいことに10代から舞台に立たせてもらって、その時のことを考えると、やらせてもらえる環境にいてできないというのはエゴイスティックな言い訳でした。映画『テニスの王子様』で連日朝から晩までテニスの練習をしていた時は、「俺はテニス選手になりたいわけじゃないのに!」と、家に帰って駄々をこねたんです。それは完全に子供の発想ですよね。テニス選手の役をやるんだから上手くならなきゃいけないのは当たり前の話。それを当時はわかってなかったし、プロとしての自覚が足りなかった。

　20代半ばくらいに、仲のいい友達から「アイドル俳優」と言われたことがあって、かちんとくると同時に否定できませんでした。髪型ひとつとっても、役としてより"自分がいかに良く見えるか"に意識がいっていたし、自分は雰囲気で芝居をやっていたことにハッとさせられて。よくカメレオン俳優というけど、僕はあの言葉は腑に落ちなくて。役者は何色にも染まるのが仕事なんだから、そもそもカメレオンでなくちゃいけないはずなんです。でも当時はそれができていなかった。自分自身のあのどうしようもなかった時期を踏まえた上でその言葉を借りるなら、今はちゃんと求められているものに変化するカメレオン俳優になっていたいと思います。

僕たちが舞台で芝居ができるのは
観てくれるお客さんがいるから

　舞台の幕が上がる時は、今から始まる物語を全力で届ける想いで、5分前によっしゃ!と気合を入れます。正直、10年前はここまでの感覚を持っていませんでした。真剣に取り組んではいたけど、例えば50回の公演だったら毎日が1/50だったんですよ。今日は3回目、明日は4回目…と数えるイメージです。でも今は、今日が1回で、次の日にはまた新しい1回として挑むようになりました。

　ドラマや映画では、例えば夕日を狙ってカメラを長回しするシーンになると、途端に緊張感が増したりするんですけど、それがミュージカルには毎回あるんですよ。それはやはり"生のお芝居"なので。だからこそ、その回にチケットを買って来たお客様のために最高の作品をお届けしないと、エンターテイナーとして失格なんです。僕は人前に立って歌やお芝居をするのが大好きで、そして作品への愛もとてつもなく大きいので、その作品をしっかりと完成させる責任がある。舞台やミュージカルは特にそうですが、全てのエンターテイメントは、観て下さる人がいて初めて成立することです。だから幕が下りる時は、毎回お客様に感謝の気持ちしかありません。

　こういう感覚の変化は、一流の人と仕事をするようになって、より強く感じました。やっぱり、ミュージカル・ショー『4Stars』の影響は大きかったですね。2013年と17年にやらせていただいたのですが、歌い手は僕を含めて4名。僕以外の歌手は全員ニューヨークのブロードウェイや、ロンドンのウエストエンドで主役を張る世界トップの表現力、歌唱力を兼ね備えたスター達、そして音楽監督に演出家に、僕以外は本場のスペシャリスト達。ここでの課題は、タイトル通り僕も"スター"にならなければいけないということ。それだけでも僕にとっては相当ハードルが高かったのですが、更に自分だけほぼ全曲"外国語"である英語で歌唱をしなければならないということも、本当に大きなプレッシャーでした。とにかくトップランカー達と一緒に走らないといけない訳ですから、必死についていくしかないし、日本代表としても負けていられない。この時間を過ごす中で、そして彼らから沢山のインスピレーションをもらえた結果、自分に何が足りないのかを分析でき、ぬるま湯から抜け出した気がしました。

今自分がやるべきなのは
日本のミュージカル界を底上げ

　ミュージカルは"突然歌いだす"と思っている人が多いけど、言葉だけじゃ表現できなくなった感情が自然と歌になり、体が動いてしまうものなんです。その人間の悲しい感情がメロディーにのることで観ている人が共有できる。楽しくなって踊り始めれば、お客様から手拍子が始まったりする。でも日本のミュージカルは、時にその感動がない作品でも、みなさんなんとなくスタンディングオベーションをする印象があります。僕が厳しいんじゃなくて、むしろ内部の事情を汲める立場なのにそう思うんです。高いお金を払って観に来るのだから、もっと厳しい目で観劇してもらいたくて。それは全体のレベルを底上げしなければいけないと思うから。もちろん、安定感があってすごいなとか、歌

が上手い人もたくさんいますよ。でも歌になった瞬間に発声がガラッと変わってしまったり、感情以上、または感情以下の表現をしてしまうことが多いと思うんです。もちろん役柄や作品によって表現方法は異なりますし、様々手法はあると思いますが、まずは何よりパッション。感情ありきだと思うんです。もちろん好みはありますけどね。

そして口では簡単に言えるけど、僕がやろうとしていることは本当に本当に難易度が高いですし、消費エネルギーも相当なものなので、そう簡単にはできない。だからこそ、毎回死ぬ気で挑むんです。そして今後も自分がプロデュース、演出をさせていただける作品に関しては、これを何よりのプライオリティーとして掲げていくつもりです。作り手の感覚が変われば演者の感覚が変わる。そしたらそれを観るお客さんの感覚も変わる。13,000円のチケット代が安いと思われるようなエンターテインメントが生まれる環境を作りたいと心から思っています。

昔は、ハリウッド映画や、ブロードウェイ、ウエストエンド等の海外作品に出られたら最高だと思っていたこともあるけど、今自分がやるべきなのは日本のミュージカル界のレベルを上げること。だから今回対談した孝之や翔平みたいに、シンプルにミュージカルが好きで芝居をしている人達にどんどん挑戦していってほしいと思っていて。まだミュージカルになじみのない俳優さんたちも興味を持って舞台に立ってくれているおかげで、需要が少しずつ広がってきてはいるけど、アメリカやお隣韓国などエンターテインメントの盛んな国では、生中継で全国に放送されるようなミュージカルのショーレースがあったり、それを著名な人たちがこぞって観に行くのが当たり前の環境がある。そういう世界を日本でも作りたくて、そして今がまさにその時期だと思っているんです。それこそキンキーブーツの春馬もそうだけど、今年上演したピピンしかり、世界トップのクリエイティブチームと仕事が出来る機会が日本でもどんどん増えてきているので、世界との

レベルの違いを感じられたり、最高のインスピレーション、エネルギーに触れられるのは素晴らしいこと。それにより、客観的に全体を観られるような、クリエイティブな脳を持った若いエンターテイナーたちも増えてくると思うので、この先が楽しみですね。

暑苦しく自信満々に語っているけど、これはあくまで僕の主観的な価値観なので、さらっと論破されるかもしれないし、まったく正反対の魅力をミュージカルに見出している人も絶対にいると思います。そこで意見はぶつかるかもしれないけど、でもそれはそれで面白いというか、100人いたら100通りの考えがあるのは当然だし、まったく同じ人なんていないと思うし、結局この世の中に正解なんてないと思っているので(笑)。

今回対談した仲間もみんなバラバラで、でもなにかしら惹かれ合っているから一緒にいるんだけど、たぶん"面白いことをしたい"という認識が似ているんでしょうね。

未来は想像できないというか、むしろ自分の想像していない世界の方が楽しくないですか?せっかく生きているのだから面白いこと、新しいことをしたいですよね。演出の仕事も、子供の頃に歌ったり踊ったりしていた遊びを、そのまんま作品として生み出せるような感覚。文字にすると舐めてますね(笑)。だから楽しくてしょうがないです。自分の頭の中で描いていたセットや芝居が出来上がっていくので、演出は最高に楽しいと同時に、すべての責任を担う最高に辛い仕事です。それに挑戦できるのは、応援してくれる家族、友達やスタッフ、出演者、そしてファンの人に支えられているからなんですよね。

お互いが自然体でいられる人と一緒になれたらいいですね

ミュージカルに限らず映画やドラマに対しても、常に全力を尽くしたいと思っています。でもそれで余裕がなくなって故障してしまったら本末転倒なので、仕事の合間に息抜きする時間を意識的にとるようになりまし

た。夜家に帰って時間がある時は、SNSにアップされている動物や赤ちゃんの動画を観て癒されています。あとは甥っ子の動画を見て一人でニマニマしています。動物とか赤ん坊って妬みとか、私利私欲がないんですよね。だからそういうものを見ていると、たぶん癒されるんですよ(笑)。

家はとにかく落ち着く空間です。作曲したりする作業部屋を作ったり、一室をクローゼットに改装したりして、家具は値段やブランドに関わらず、気に入ったものを置いています。ランプは博多公演の時に、セレクトショップに売っていたメキシコの一点物にひとめぼれをして買いました。絵はNYの街並みの中に様々なブロードウェイミュージカルが描かれていて観た瞬間にこれは買わなきゃ!と即決しました。ユニフォームは25歳の時にFCバルセロナという世界有数のサッカークラブの公式名誉ファンに選んでいただいて、現地で選手にインタビューした際にユニフォームにサインを入れていただきました。これも宝物のひとつです。

どうなっていくか想像しています、未来や結婚について

今年34歳になりますが、子供の頃からずっと30歳で父親になりたいと言っていたのに、もう4年もオーバーしてしまいました(笑)。

今は、結婚についてあまり深く考えていません。そういうところはたぶん不器用なので、仕事より子供を優先させたくなって、うまく両立できないと思うんです。でも、結婚は"この人の子供を見たいな"と思える女性が理想ですね。

そもそも恋愛は"勘違い"で始まると思っていて。要はフィーリング。容姿が好みだったり、性格が素敵だと思うタイミングが合致すると好きになる。過去の僕の場合、そこから"もっと一緒にいたい"という自分の欲求が勝ってしまい、相手に好かれたいから尽くしすぎてしまっていたようです(笑)。

近い仲間からは「お前彼女のこと甘やか

Interview with
Yu Shirota

しすぎ」と言われたりしたことも、、、とはいえ、世界で一番好きな人なんだから、甘やかしたくもなるじゃないですか？（笑）

でも最近、周りが結婚していく中で、それだけじゃダメなのかなと気がついて。この人のために心から何かしてあげたくて、同時に支えてもらいたくて、この人といると自分も成長できるような、お互いが自然体でいられる無理のない関係を築ける人と一緒になれたらいいですね。昨年は長男、今年は次男が結婚したので、来年は三男の私でしょ！って思っているんだけど。一つ言えるのは、今の時点ではなんの予定もありません（笑）。

でも、そのことでファンのみんなには一喜一憂してほしくないんです。明日誰かと出会うかもしれないし、ひょっとしたら今年中に結婚するかもしれない。そうやって今後彼女ができたとしたら、間違いなくその人を何より大切にするだろうけど、そんな僕のことを好きでいてほしいんです。だって、自分の家族や近くにいる人を大切にできないようじゃ人に夢なんて与えられるわけないと思うし、「おれは彼女よりファンを愛してるから」なんていう人はちょっと嫌だな（笑）。

ありがたいことに、僕には素敵なファンの人が多くて本当に感謝しています。もちろん名前と顔が一致する人もたくさんいて、僕が16歳の時から18年間も応援してくれている子もいるんですよ。結婚報告もご両親より先に僕にしてくれて驚きましたが（笑）。

イベントやコンサートで知り合ったファン同士で仲良くなって、結婚式にその子達が余興で『Love＆Peace』を歌ってくれたらしくて。まさにLove＆Peaceですよね！その話をファンレターを通して知った時は最高にHappyでした。みなさんが舞台を観に来てくれて、または何かのエンタメを通して僕を知ってくれて、そこで生まれた奇跡的な繋がりを大事にしたいという想いがあるから、昔から変わらず正直でいたいし、僕が頑張る姿で元気や勇気、やる気を届けたいと本心で思っています。

でも今は、昔のピュアな心に鎧をつけた

状態になってしまっているかなと思っていて。この10年間を振り返っても激動だったし、最近少し余裕が出来て、現実をちゃんと見ることができているからこそなんだけど、やっぱりあの頃は強くならなきゃいけないというか、麻痺させないとやってられない状態の時も多かったなと。だから、この20周年の節目で、自分が背負ってきたものの中で、下ろしていいものと、持ち続けなきゃいけないものと、新しく手に入れなきゃいけないものを精査するタイミングだなと感じていて。この写真集を作れたことも大きかったですね。改めて色々と考えることができました。

**人として生きている時間の写真も
物語として組み込まれています**

この本は一人の人間が成長した軌跡を記録として、後世で「城田優のSoñadorみたいな本が作りたいです」と言ってもらえる見本になれるような、ひとつの作品として作りました。それとちょうど『ピピン』で身体も絞れていて、今しか撮れないものがあるぞと思ったのもきっかけです。とはいえバキバキに鍛えたわけではなくて、作り込み過ぎず、今の城田優の嘘のない写真やインタビュー、企画を、応援してくれるファンの人たちと共有できればと思いました。

サイパンでの撮影は楽しかった記憶しかないですね。打ち合わせの際に「いつ何時撮っていただいて構わないので、バンバン撮って下さい！」とお願いしました（笑）

そのおかげもあって、空港での集合から帰国の空港まで、すべての時間を一冊にまとめることが出来ました。素とアートと、余裕があるからこそ出る雰囲気等を切り取った写真が混在しています。だから、ただ可愛いとか、かっこいい写真を集めた以前の写真集とは根本的に違うと思うし、20年やってきた今だからこそ出来た一冊です。

一番の思い出は、最終日のプールですかね。帰りの飛行機まで時間があったので、ひたすら遊んで。僕はわりとみんなの目線

が気になってしまうタイプで、みんな疲れてるだろうし、そんな帰り際にわざわざプールになんか行きたくない人もいるだろうなと思っていたら、同じ温度で全員が楽しくなってくれた。それって素晴らしいことですよね。そういう時の写真もいい具合に混ざっていて、エンターティナーの城田優ではない一人の"人"として生きている時間の中で撮った写真も物語として組み込まれています。

ちょうど10年前に出した2冊目の写真集に"10年後の自分に一言"という項目があって『変わってませんか？』と書いたけど、人間の芯の部分は変わっていないと思います。

そしてこれから10年後のことを考えたら、同じく今の感覚のままでいたいし、今よりも誇れる自分でいたいですよね。鎧がなくても強く生きていられる、鋼の心を持ちたいです。それは自分を守るためということじゃなくて、僕自身の心が日々の成長とともに強く固くなっていって、それを善意や正義のエネルギーとして使っていければ。

将来は、ハワイやサイパンのような南国の田舎で、のんびりと毎日穏やかに生きたいですね。そこで、人のためになることがあれば、それをやって暮らすのが理想中の理想。

振り返ると、20年前はもちろん、10年前でも今の自分のことなんてまったく想像できませんでした。もちろんそれは今後も変わらないけど、少なくとも、周りの人たちへの感謝と愛を、変わらずに持ち続けていたい。みんながくれた愛や思いやりがあるからこそ、今の自分がいるってことを忘れることなく、常に愛を大切に生きていきたい。そしてエンターテイナー、クリエイターとしては、常に高みを目指して、人がやってこなかったものに挑戦したいと思う。成長し続けられるかどうかは結局自分次第なんですよね。ということで！（笑）

改めて、今日まで本当にありがとう。これからの城田優の応援もよろしくね。

——城田優

Soñador | Yu Shirota 20th Anniversary Book

この度は "Soñador" を手にしていただき
誠にありがとうございます。
皆様のおかげで、メモリアルな1冊が完成しました。
どうぞ、楽しんで下さい♡

城田優

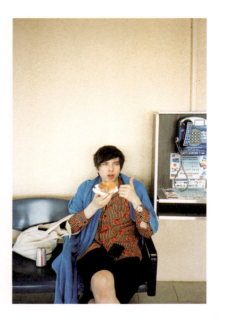

Soñador | Yu Shirota 20th Anniversary Book

Credit

城田優衣装：ロケ_黒ジャケット¥82,000、パンツ¥58,000／YOHJI YAMAMOTO（ヨウジヤマモト プレスルーム）、ローズ柄ストライプシャツ¥25,000／AS STANDARD（アドナストミュージアム）、パンツ¥11,200／VOLCOM（ボルコム ジャパン）、ローズプリントシャツ¥26,000、ローズプリントパンツ¥28,000／ディスカバード、ガウン¥6,500、トランクス¥3,500／renoma underwear（アントリム）、白レースシャツ／スタイリスト私物、パンツ／本人私物、**佐藤健対談**_パンツ¥62,000／ニール バレット、その他／スタイリスト私物、
他対談_ラッド ミュージシャン、ウィーウィル、ISSEY MIYAKE MEN、ヨウジヤマモト、**ファミリー**_ニット¥58,000、パンツ¥85,000／アミアレクサンドル マテュッシ、その他／スタイリスト私物

山田孝之衣装：シャツ¥12,000、パンツ¥25,000／S'YTE（ヨウジヤマモト プレスルーム 03-5463-1500）、シューズ¥19,000／Clarks（クラークスジャパン 03-5411-3055）

三浦翔平衣装：シャツ¥135,000、パンツ¥79,000／FENDI（フェンディ ジャパン）、その他／スタイリスト私物

三浦春馬衣装：衣装協力／アトウ（アトウ青山店）
リナ衣装：ブラウス¥14,000／ハニーミー ハニー、パンツ¥15,000／ドロシーズ、ピアス¥2,500／エクラン ルミネエスト新宿店

衣装協力／アトウ
問い合わせ先_アトウ青山店
〒107-0062 東京都港区南青山3丁目18-9
03-5474-1748

Shop List

アドナスト ミュージアム 03-5428-2458
ami alexander mattiussi
（AMI OMOTESANDO）03-5778-4472
アントリム 03-5466-1662
ISSEY MIYAKE MEN 03-5454-1705
ウィーウィル ギンザ 03-6264-4447
エクラン ルミネエスト新宿店 03-6274-8108
Clarks Japan
ディスカバード 03-3463-3082
ドロシーズ 03-3470-6511
ハニーミーハニー 03-5774-2190
PR01.TOKYO
フェンディ ジャパン 03-3514-6187
ボルコム ジャパン 03-5771-4560
ヨウジヤマモト プレスルーム 03-5463-1500
ラッド ミュージシャン 原宿 03-3470-6760

Producer
Yu Shirota

Photographer
Ryuji Sue (See)
En Otsuru (SHOWAKICHI Y50)

Styling
Yu Shirota. MAIKO
Ryo Kuroda. Katsuhiro Yokota. Kazuhiro Sawadaishi
Atsushi Hashimoto (KiKi). Go Negishi. Yusuke Okai
Munekazu Matsuno. Mai Shida

Hair & Make-up
Emi Hanamura (MARVEE)
Sayoko Yoshizaki. Emi Iwata. Toh.(ROOSTER)
Eito Furukubo (Otie). Emiko Shimizu (maroonbrand)
Akemi Kurata. Taichi Nagase (VANITES)

Photographer Assistant
Hisashi Mibuchi

Design
Daisuke Nishihara (ELEFANT). Atsuko Kito

Text
Yukina Iida

Editor
Ayako Sasanuma

Executive Producer
Miki Watanabe (WATANABE ENTERTAINMENT)

Supervisor
Tsuyoshi Osawa (WATANABE ENTERTAINMENT)

Artist Management
Miwako Kato (WATANABE ENTERTAINMENT)

Special Thanks
Sadamu Tamoto (VANILLA SKY). Sayaka Ogawa

Cooperation
Marianas Visitors Authority

Location Coordinate
Miyuki Eto

Soñador

Yu Shirota 20th Anniversary Book

2019年12月28日　1刷発行

著者　城田優
編集人　足立春奈
発行人　倉次辰男
発行所　（株）主婦と生活社
〒104-8357 中央区京橋 3-5-7
編集部　TEL 03-3563-2189
販売部　TEL 03-3563-5121　生産部　TEL 03-3563-5125
http://www.shufu.co.jp
印刷・製本所　大日本印刷株式会社
ISBN978-4-391-15421-4

※落丁・乱丁の場合はお取替えいたします。お買い求めの書店か小社生産部までお申し出ください。

国本書を無断で複写複製（電子化を含む）することは、著作権法上の例外を除き、禁じられています。本書をコピーされる場合は、事前に日本複製権センター（JRRC）の許諾を受けてください。
また、本書を代行業者の第三者に依頼してスキャンやデジタル化することは、たとえ個人や家庭内の利用であっても一切認められておりません。JRRC（https://jrrc.or.jp/　Eメール：jrrc_info@jrrc.or.jp　TEL：03-3401-2382）

©SHUFUTOSEIKATSUSHA 2018 Printed in Japan